UNE

FAMILLE ALSACIENNE

DE SOLDATS

LE LIEUTENANT-GÉNÉRAL VICOMTE DE REISET

ET SA FAMILLE

PAR

le Vicomte DE REISET

RIXHEIM

IMPRIMERIE F. SUTTER & CIE

1901

JEAN JACQUES de REISET

ANTOINE Vicomte de REISET

ANNE de REISET

UNE FAMILLE ALSACIENNE

DE SOLDATS

Le lieutenant-général vicomte de Reiset et ses parents

Au numéro 39 de la rue des Deux-Clefs, on voit encore à Colmar un vaste hôtel qui, malgré de nombreuses mutilations, a conservé le caractère solennel et imposant de l'architecture du XVIIIe siècle.[1] Construit une trentaine d'années avant la Révolution, il possédait alors un vaste jardin et des dépendances considérables qui ont en grande partie disparu; sur leur emplacement on a percé dans les premières années du Consulat la rue de la Halle-au-blé et on a bâti les habitations qui la bordent.

C'est dans cette maison que naquit, le 29 septembre 1775, le lieutenant-général vicomte Antoine de Reiset, dont le nom est gravé sur l'arc de Triomphe de l'Etoile[2] et dont le portrait et le buste figurent au château de Versailles au milieu de toutes les gloires de la France[3]. Jean-Jacques de Reiset son père[4], qui avait fait construire cette belle demeure, l'habitait avec sa femme Marie

---

1. Maisons Waltz, Waltz-Wurklin et Ménégoz.
2. Côté ouest de l'arc de Triomphe.
3. Le portrait est placé salle 1 attique du Midi N° 4770 ; le buste salle 67 aile du midi au rez-de-chaussée.
4. Né en 1730 mort en 1803, fils de N. Humbert de Reiset, conseiller du roi, et de Anne Marie de Hirsinger.

Thérèse Carré de Beaudoin et ses nombreux enfants. Receveur général des Finances, membre du Conseil souverain, maitre général des Eaux et Forêts, il était en même temps, comme tous ses ancêtres, bailli et subdélégué d'Alsace à Ensisheim, Ste-Croix, Thann et au Bas-Landser. Il était en outre seigneur des fiefs de Chavanatte et de Boron.

La famille de Reiset n'était point nouvelle en Alsace; au XIVe siècle Robert Reiset, écuyer du comte de Linange, et Henry de Reiset, seigneur de St-Loup, écuyer de Philippe le Bon, duc de Bourgogne, avaient quitté la Lorraine dont ils étaient originaires, pour venir s'y établir. Après eux leur descendance s'y était fixée d'une façon définitive, et depuis trois siècles avait tenu dans la province un rang distingué.

La vieille église des Dominicains de Colmar renfermait jadis sous ses voûtes de nombreuses tombes de membres de la famille, qui tous avaient rempli d'importantes fonctions; mais ces antiques dalles armoriées ont aujourd'hui disparu. Longtemps désaffectée et transformée en Halle au blé, l'état de délabrement de l'église nécessitait des travaux considérables, et au moment de la restauration, le nivellement du sol qu'on a dû exhausser, a malheureusement fait recouvrir ces intéressants vestiges d'un glorieux passé. Les descendants de cette vieille famille alsacienne n'ont pas voulu cependant laisser s'effacer complètement le souvenir de leurs aïeux et une plaque de marbre noir [1], placée par leurs soins sur

1. Voici la copie de l'inscription gravée sur la plaque funéraire :

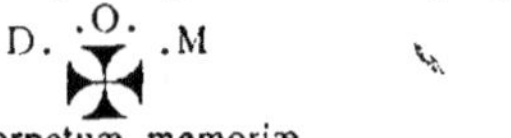

D. .O. .M

et perpetuæ memoriæ
Clarissimi et nobilissimi viri
Nicolai Humberti de Reiset dni de Chavanatte
Qui regius in Ensisheim subdelegatus
Consiliarusque
Necnon in suprema Alsatiæ regia curia
advocatus
Obiit. X. Kal. Jan. a. D. MDCCLVIII ætat. suæ LXV.

les murs du bas-côté de gauche, rappelle le nom de quelques-uns de ceux de leurs parents qui reposent sous les dalles.

A l'époque où Antoine de Reiset vint au monde, Louis XVI venait de monter sur le trône et la France saluait avec transport l'avènement de son jeune souverain; une ère nouvelle de justice et de prospérité semblait devoir s'ouvrir avec le nouveau règne, et aucune des vieilles traditions de la France monarchique n'avait encore été atteinte par le souffle révolutionnaire qui allait tout balayer sur son passage. Le nouveau-né était le 9ᵉ des 17 enfants[1] de J.-J. de Reiset et dès sa naissance il avait été destiné à l'état ecclésiastique.

simul
Præclaræ, nobilisque Dominæ
Anna Mariæ de Hirsinger
Conjugis ejus
Quæ priori Kal. Apr. decessit
a. D. MDCCLXXXV ætatis vero LXXXV
atque
Præclari, nobilisque viri
Francisci Josephi Hirsinger equitis
ipsius dnæ parentis
Qui pacem Dni inivit
a. D. MDCCXXXVI
Has tabulas in loco pristinorum monumentorum que nunc sub instauratæ
ecclesiæ pavimento jacent patrum colendæ recordationis memores
dicaverunt
Gustavius Armandus Henricus comes de Reiset singulari legatione atque
auctoritate plena a Gallis ad Italos, Germanosque missus
— Antonius Henricus Augustus vicecomes de Reiset
— Johannes Fredericus Julius de Reiset
A. D. MDCCCXCIX.

1. Le frère aîné de Tony avait suivi la carrière de son père et était devenu receveur général des Finances. Pendant près de dix années il avait occupé la recette générale de Mayence dont les caves étaient remplies de tonnes d'or et d'argent. Chargé de la caisse de réserve des armées d'Allemagne et du Nord auquel il devait répartir les fonds nécessaires il contribua plus d'une fois, par son exacte précision dans ses envois aux points où se portaient si rapidement nos armées victorieuses, au succès des plus grandes combinaisons militaires. Jacques Louis Etienne de Reiset, né à Colmar en 1771, mourut receveur général des Finances à Rouen le 5 février 1836. Il était chevalier de Sᵗ-Louis et officier de la légion d'honneur et avait épousé Marie Thérèse Godefroy de Suresne. Son fils, Gustave Armand Henry Cᵗᵉ de Reiset, né en 1821, est le chef actuel de la famille de Reiset. C'est à lui qu'appartient la tour de Florimont. Il est commandeur de la légion d'honneur, grand-croix de l'ordre de Hesse, commandeur de Sᵗ-Maurice et Lazare et de Charles III d'Espagne, ministre plénipotentiaire et lauréat de l'Académie française. Il a épousé, en 1856, Blanche de Sancy de Parabère.

C'était une tradition chez les Reiset qu'à chaque génération un ou deux enfants entrâssent dans les ordres, et, dans sa famille même, le jeune Tony pour l'appeler par son diminutif familier, devait trouver de puissantes protections. Trois de ses oncles directs portaient la croix de Malte ou celle de l'ordre des Antonites et étaient chanoines du chapitre de Thann. L'un d'eux avait siégé à l'assemblée du clergé en 1787 et le second venait d'échanger le prieuré des Trois-Épis pour celui de Chambourcy où l'avait appelé la faveur de Mesdames filles de Louis XV[1]. La débilité de la santé de l'enfant semblait l'avoir prédestiné dès son plus jeune âge à une vie calme et tranquille. C'est à peine s'il avait en naissant un souffle d'existence, et son état semblait si précaire, que pendant de longues semaines on l'avait enveloppé de ouate, le portant chaque jour dans le four d'une boulangerie voisine, lorsque les braises refroidies n'y dégagaient plus qu'une chaleur douce et uniforme.

Cependant cet enfant qu'on avait si longtemps désespéré de sauver devait devenir un soldat intrépide, endurci aux plus durs fatigues, et arroser de son sang généreux tous les champs de bataille de l'Europe.

A 15 ans, le jeune homme, qui portait déjà le petit collet, ne se ressentait plus de sa première faiblesse, il avait belle allure et fière mine ; mais les événements qui se précipitaient allaient bouleverser ses projets de fond en comble et lui faire embrasser une carrière bien différente de celle à laquelle on l'avait destiné tout d'abord. L'arrivée de Kléber à Colmar allait déterminer cette vocation toute nouvelle.

Le grand soldat s'était pris d'affection pour le petit abbé ; ils faisaient ensemble de longues promenades, et le futur chanoine s'enthousiasmait au récit des rudes combats dont son grand ami avait été le héros. Les rencontres se renouvelaient souvent, et Kléber, charmé

1. Antoine Denys de Reiset né en 1723 mort en 1793. Une inscription rappelle sa mémoire dans l'église S.-Saturnin de Chambourcy.

par les yeux bleus et les vingt ans de Marie Anne[1],
la sœur aînée de Tony, fréquentait l'hôtel Reiset
d'une façon presque quotidienne. Malgré la rigueur des
temps, on se réunissait en famille dans les quelques
salons restés entr'ouverts; les deux jeunes gens s'étaient
plu, ils s'étaient fait de chastes aveux, et peut-être leur
mutuelle inclination leur avait-elle inspiré des projets
d'union que la mort du héros devait rompre quelques
années plus tard[2].

Le grand homme prenait plaisir à causer avec son
jeune compagnon dont il avait deviné la valeur et dont
il nourrissait le secret espoir de devenir le beau-frère;
aussi lorsque, quelques mois plus tard, ayant rejoint
l'armée sur les bords du Rhin, il vit arriver un soir
un jeune volontaire et que sous l'uniforme de grenadier
il reconnut Antoine de Reiset, il ne s'étonna point de
sa décision : « Bien cela, mon enfant, lui dit-il en lui
prenant la main, tu es un brave et tu feras ton chemin! »

Kléber se connaissait en hommes et ne s'était pas
trompé dans sa prédiction. En quelques pages magis-
trales, dans une récente publication, le colonel Titeux[3]
nous a retracé la brillante carrière du général de Reiset;
de plus les deux volumes de souvenirs déjà publiés[4]
nous permettent de suivre le vaillant jeune homme
dans cette longue course ininterrompue à travers l'Europe,
dont chaque halte est marquée par une bataille et

1. Marie Anne de Reiset, née à Colmar en 1768, morte en 1853.
Longtemps après la mort de Kléber elle se décida à se marier sur les
instances de sa famille et épousa le chevalier de Schiélé, inspecteur des
armées et sécretaires du roi.

2. Poussé par un amour respectueux et discret, Kléber avait composé
un petit proverbe, malheureusement perdu et ayant pour titre : *Faute de
parler on meurt sans confession*. Anne de Reiset qui l'avait inspiré y
tint avec succès le principal rôle. Il fut joué chez M. de Bäer, conseiller
du roi de Bavière au château de Ribeauvillé.

3. *Le Lieutenant Général Vicomte de Reiset* par le colonel Eugène
Titeux, dans le *Carnet de la Sabretache*, du 31 décembre 1900.

4. *Souvenirs du Lieutenant Général Vicomte de Reiset*, publiés par
son petit-fils le Vicomte de Reiset (Calmann Levy, in 8, tome I 1899,
tome II 1901. Le tome III est annoncé pour 1902).

illustrée par une victoire. Ses lettres à sa fiancée made-
moiselle de Fromont, les notes brèves et précises de
son journal de route, tous ces bouts de papiers jaunis,
écrits souvent au crayon et griffonnés sur le pommeau
de sa selle, nous initient aux particularités si curieuses
d'une existence que nous avons peine à concevoir.
Dans ces pages intimes, écrites avec la chaleur de la
jeunesse, il rapporte les événements auxquels il s'est
trouvé mêlé et qui font partie aujourd'hui de l'histoire
militaire de la France. Insoucieux de l'effet à produire,
dépourvu de toute préoccupation étrangère au sujet, il
nous raconte modestemment et simplement ses hauts
faits sans avoir l'air de douter qu'il ait fait jamais autre
chose que remplir strictement son devoir.

Dès le début, en quelques lignes rendues plus saisis-
santes par leur brièveté même, il nous décrit la bataille
de Wissembourg, où il reçoit le baptême de feu et où
il tombe grièvement blessé, le 15 juin 1793. Puis c'est
l'affaire de Tongres en Belgique, où il est fait prisonnier
dans une charge (juillet 1794). Les coups de sabre dont
il a été atteint n'ont pas altéré son ardeur : avec huit
dragons prisonniers comme lui, il trouve moyen de sur-
prendre le poste qui le garde et s'élançant sur les
chevaux ennemis il rejoint à toute bride le régiment
stupéfait de sa hardiesse [1].

Il est au passage de Rhin à Dusseldorf et à la prise
de Maëstrich, puis au passage de la Sieg où il est dangereusement atteint d'un coup de lance au côté gauche (6 septembre 1795). Et c'est ainsi qu'il gagne successivement
ses épaulettes de sous-lieutenant et de lieutenant sur
les champs de bataille, témoins de ses exploits.

A l'armée du Danube il se distingue encore et tombe
frappé d'une balle à la cuisse droite, à la bataille de
Stockach (juillet 1799). Quelques mois après, il est au
siège de Zurich, et, chargé de la périlleuse mission d'aller

---

1. Archives administratives de la guerre.

faire les sommations à l'ennemi, le premier, seul avec un trompette, il entre dans cette ville inconnue, sans souci des embuscades qui l'attendent à chaque pas et des coups de fusil qu'on lui tire traîtreusement au détour de chaque rue (29 septembre 1799).

Aide-de-camp de Moreau, puis du général Richepanse il est encore blessé par un boulet à la poitrine à la bataille d'Engen, le 3 mai 1800. Sa vaillante conduite lui fait donner le grade de capitaine (18 juin 1800) et bientôt la prise du général autrichien Löpper, qu'il fait prisonnier avec ses 600 cavaliers dans une charge furieuse, lui vaut les épaulettes de chef-d'escadron.

En 1805 nous le trouvons avec Ney combattant aux côtés du brave des braves sur le pont fameux d'Elchingen. Puis, à la fin de la même année, il s'illustre par un nouveau fait d'armes qui lui attire les éloges publics de l'empereur : de sa propre main, à la bataille d'Iéna il fait prisonnier le prince Auguste de Prusse, qu'il a acculé dans un marécage et le force à se rendre avec un bataillon tout entier (29 octobre 1805).

Après cet exploit il est nommé major, et après avoir passé trois années en Prusse chargé de la direction du grand dépôt de cavalerie de Potsdam, il rentre enfin en France et épouse, au château de Vic-sur-Aisne, Anne de Fromont à laquelle il était fiancé depuis 4 années [1].

Son repos n'est pas de longue durée : dix jours après son mariage il part comme colonel pour la campagne de 1808, pendant laquelle il se conduit avec la plus grande distinction, et au commencement de 1810 il est en Espagne à la tête d'un régiment de dragons. Trois ans il reste dans la péninsule, combattant sans relâche dans l'Estramadure, la Nouvelle-Castille et la Manche qu'il parcourt en tous sens, en luttes journalières avec les partisans espagnols.

---

1. Anne Amélie de Fromont, mariée le 4 mars 1808, fille de Henriette Bénédictine du Liège et de Nicolas Martin comte de Fromont, maître d'hôtel du roi Louis XVI et chevalier de ses ordres.

Blessé au pied au siège d'Astorga il succombe bientôt sous le poids de cette longue suite de fatigues et d'épreuves. Pendant quatre mois il reste alité, en proie à une fièvre intense, sans même pouvoir donner de ses nouvelles à sa famille qui le croit mort et le pleure comme s'il avait déjà succombé à ses nombreuses blessures.

Il échappe pourtant à tant de périls réunis, et se signale, à peine rétabli, par une nouvelle victoire. Après la défaite des Arapiles, chargé par. le roi Joseph de protéger sa retraite, il réussit à tenir tête à toute l'avant-garde de Wellington et finit par la mettre en déroute, restant maître de trois canons et de nombreux prisonniers.

C'est ainsi que, par sa vaillance, il sauve avec les restes de l'armée, le convoi d'émigrants qu'il conduit sains et saufs jusqu'à Valence, malgré les nombreux coups de sabre dont il a été atteint dans l'action et dont l'un, en lui brisant trois dents, lui a fracassé la mâchoire (11 août 1812). Napoléon laisse alors le courageux soldat rentrer en France et lui accorde un congé d'un an pour lui permettre de se remettre de ses blessures et de ses fatigues excessives. Mais la campagne d'Autriche le rappelle bientôt à son poste, et, dès le mois de mars, il est à la grande armée en qualité de général commandant une brigade de cavalerie. Là encore, il est blessé d'un nouveau coup de lance, mais cette douzième blessure ne devait pas l'empêcher à nouveau de se couvrir de gloire. A la journée de Dresde, placé par le roi de Naples avec ses régiments pendant de longues heures sous le feu de l'ennemi, il enfonce successivement tous les carrés qu'il a devant lui et les force à mettre bas les armes. 22 canons et autant de drapeaux restent entre ses mains et il fait 20 000 prisonniers, avec le feld-maréchal Metzko, trois généraux et nombre d'officiers supérieurs. Enfin il extermine ce qui reste de fuyards, après les avoir poursuivis pendant plusieurs lieues et s'être emparé d'un nombre considérable de chevaux, de bagages et de matériel. Pendant

la bataille, Reiset avait eu deux chevaux tués sous lui
et ses deux aides-de-camp avaient été blessés à ses
côtés [1]. « Dans l'affaire brillante d'aujourd'hui où tout
le monde a fait son devoir, écrivait Murat à l'empereur
le soir même de la bataille, je dois des éloges particuliers
au général de Reiset, qui, à la tête de ses dragons, a rompu
à coups de sabre le triple rang des baïonnettes ennemies
malgré la résistance la plus opiniâtre qu'infanterie eut
jamais pu faire contre la cavalerie. »

Quelques mois plus tard, Napoléon, dans une
vaste plaine des environs de Dresde, passait en revue
son armée victorieuse. Il arrive à la division Doumerc
et s'arrête devant Reiset qui s'apprête à défiler à la
tête de sa brigade. En présence de tous, il lui adresse
des éloges sur cette glorieuse journée où il a donné
en quelques heures tant de preuves de sa vaillance.
La voix de l'empereur s'élève au milieu du profond
silence et fait tressaillir de joie le jeune général :
« Demandez-moi ce que vous voudrez, dit Napoléon,
vous l'aurez. » Et il lui décerne en même temps qu'un
titre de baron [2], la croix d'officier et celle de commandeur de la légion d'honneur.

Au moment de la retraite de l'armée française sur
le Rhin, le général de Reiset est nommé commandant
de la place de Mayence que les cosaques devaient
investir sans pouvoir y pénétrer. A la fin des hostilités
il est chargé d'aller lui-même remettre les clefs de la
ville entre les mains de Louis XVIII qui l'attache à sa
maison militaire et lui donne, avec la croix de St-Louis,
une lieutenance dans les gardes du corps.

---

1. Voy. *Archives historiques de la Guerre* : Rapport du roi Murat
du 27 Août 1813. Rapport du général Belliard du 28 août. Rapport du
général de Reiset du 27 août.

2. Baron de l'Empire par décret impérial du 2 mars 1813, suivi de
lettres patentes du 1er juin de la même année. Il avait été nommé
chevalier de l'Empire par décret du 15 août 1809, suivi de lettres
patentes du 14 juin 1810. (Titres transmissibles de mâle en mâle par
ordre de primogéniture avec 2 dotations sur les biens du domaine extra-
ordinaire du 15 août 1809 et du 12 mai 1813).

Au moment des événements de 1815, lorsque le roi se vit contraint de quitter Paris, ce fut le vicomte de Reiset[1] qui eut l'honneur d'escorter, avec la maison militaire, les princes en Belgique, avec le commandement des escadrons de guerre de la compagnie de gardes[2]. Puis après être rentré en France avec ses gardes du corps, sur le désir même du comte d'Artois, pour assurer leur sûreté, il revint ensuite à Gand se mettre à la disposition de son souverain[3]. C'est en vain qu'on l'avait sollicité de reprendre un commandement dans l'armée impériale : « Si j'ai servi mon pays pendant la révolution et l'empire, disait-il à cette époque, j'ai toujours soigneusement borné mes services à mon état et c'est à la pointe de mon épée que j'ai gagné tous mes grades. Ma liberté de conviction reste donc entière, on a beau me raconter que même en changeant de maître on sert toujours sa patrie, je croirais m'avilir en écoutant de pareilles suggestions. »

Le roi à son retour en France récompensa sa fidélité en lui donnant le commandement de la compagnie de Gramont, le grand cordon de la légion d'honneur et le titre de vicomte[4]. Successivement lieutenant-général et gentilhomme de la chambre, il resta jusqu'à son dernier jour auprès du vieux roi qui l'avait honoré de son amitié et de son affection, et il nous a laissé des pages dramatiques sur les derniers jours du souverain qui, toujours soucieux de la dignité royale, su rester imposant et majestueux jusque dans la mort[5].

---

1. Voy. la *Revue de Paris* du 1re novembre 1900. *La route de l'exil*, par le vicomte de Reiset.

2. Voy. ibid., 1er février 1901. *La cour de Gand*, par le même.

3. Voy. ibid., 1er et 15 mars 1900. *Le Retour de Hartwell*, par le même.

4. Ordonnance royale et lettres patentes du 17 août 1822. Titre transmissible de mâle en mâle par ordre de primogéniture.

5. Voy. *Revue de Paris* du 15 septembre 1897. *Les derniers jours de Louis XVIII* et *Revue de Paris* du 1er janvier 1909. *Les funérailles de Louis XVIII.*

A la fin de 1824 le lieutenant-général de Reiset
alla prendre en Espagne le commandement du corps
d'occupation de Catalogne, et pendant près de quatre
années, dans cette haute situation, il sut allier la plus
grande prudence à la plus grande fermeté. Il en rap-
porta le grand cordon de Charles III que lui avait
donné Ferdinand VII, plein de reconnaissance pour ses
éminents services. Rentré en France en 1828, Antoine
de Reiset avait repris son service auprès de Charles X
et procédait dans le Nord à une inspection générale
de cavalerie lorsqu'éclata la révolution de 1830. Aussi
profondément dévoué à Charles X qu'il l'avait été à
Louis XVIII, pas un instant il ne songea à hésiter entre
son intérêt et son devoir. Revenu en toute hâte reprendre
sa place auprès de son souverain accablé par l'infor-
tune, il le suivit fidèlement dans ses douloureuses étapes
et ne s'éloigna qu'après l'avoir vu à Cherbourg s'em-
barquer sur le Great-Britain pour un nouvel et dernier
exil.

Le vicomte de Reiset avait l'âme trop haute pour
vouloir servir un autre maitre et ne pas rester fidèle
au malheur ; sa carrière était finie : il demanda sa mise
en disponibilité et se retira à Rouen pour terminer dans
la retraite sa vie toute de dévouement et d'honneur.

Entouré de tous les siens[1] il mourut le 25 mars
1836, l'année même où son vieux maitre s'éteignait à
Goritz au fond de l'Illyrie.

.   .

Pendant cette longue suite de guerres le vaillant
soldat n'avait pas été le seul dans sa famille à illustrer
son nom sur les champs de bataille, et à cette même
époque huit Reiset avaient eu en même temps l'hon-

---

1. Le général de Reiset avait eu de son mariage trois filles et un
fils. Ce dernier Antoine Justin Henry, né à Paris en 1815, mort à Mayence
en 1869, fut page du roi Charles X, puis receveur des Finances. Il avait
épousé Blanche du Méry de Guitterie.

neur de porter l'épaulette. Son frère Louis [1], son cadet
de quatre années, était entré au service à peine âgé de
19 ans et avait fait bravement les campagnes d'Italie,
d'Allemagne, d'Autriche, de Prusse et de Pologne.
Envoyé un Espagne en 1808 il avait pris part en 1812
à l'expédition de Russie. Une balle l'avait frappé au
col devant Offenbourg en 1898 et un éclat d'obus lui
avait brisé la jambe devant Ulm en 1805. Le 24 janvier
1814 un éclat d'obus lui fracassa la cuisse au combat de
Bar-sur-Aube. Transporté à l'hôpital de la ville il tomba
presque aussitôt au pouvoir de l'ennemi et fut fait prisonnier de guerre. Il venait d'être arraché de son lit
par les cosaques pour faire place à l'un des leurs et
jetté sur une botte de paille, quand il obtint du prince
de Schwarzenberg, par l'entremise d'un député alsacien,
de retourner à Colmar. Dans la maison paternelle
il trouva installé le maréchal prince de Wrède qui se
plut à rendre hommage à son courage et à lui témoigner
les plus grands égards. Mais sa blessure devait lui inter-
dire tout service actif désormais et il ne tarda pas à
donner sa démission. Il était chevalier de St.-Louis et
officier de la légion d'honneur.

Ses deux cousins, le baron Edouard de Reiset [2] et
son frère Casimir, avaient fourni également tous les deux
la plus belle carrière et avaient suivi le noble exemple
que leur avait donné leur aïeul. Elisabeth de Rouge
leur mère, mariée à François Xavier de Reiset de Rosheim, avait pour père le chevalier de Rouge, capitaine
commandant au régiment de Jenner-Suisse, qui sous

---

1. Louis Xavier de Reiset, né à Colmar le 5 décembre 1779, mort
en 1852. Il était entré au service le 15 frimaire an IV et épousa Isabelle
Branche de Tournus. Le nom de son petit-fils, Frédéric de Reiset, marié
à Josie Downing, figure au bas de la plaque funéraire de l'église des
Dominicains citée plus haut.

2. Edouard Jean Népomucène baron de Reiset, chef d'escadron de
hussards, né à Delle le 27 décembre 1784, mort à Paris en 1857. Il
avait épousé à Chartres le 5 avril 1818 Marie Adèle du Temple de
Mézières. — Son fils s'est éteint sans postérité à Paris, le 16 octobre
1873, et cette branche n'est plus représentée aujourd'hui.

trois règnes consécutifs avait mis son épée au service du roi. Décoré de la croix de St.-Louis de la main même de Louis XV, il s'était trouvé dans un âge très avancé un des plus anciens chevaliers de cet ordre qu'il avait porté pendant plus de 60 années et dont l'un de ses fils, tué au siège de Maëstrich en 1748, était également chevalier. Le baron de Reiset devait se signaler dans une circonstance particulièrement délicate. Aide de camp du maréchal Ney, aux côtés duquel il avait fait la campagne de Russie, il se dévoua pour sauver son ancien chef après les événements de 1815. Ce fut avec son passe-port[1] que le grand proscrit put quitter Paris, sous le nom de Reiset, et se réfugier au château de Bassanis, près d'Aurillac en Auvergne, où il fut arrêté par suite de son imprudence. Ce jeune homme, qui n'avait pas hésité un instant à risquer sa carrière et sa liberté pour sauver un ami, avait toujours été pour tous le modèle et l'exemple : « Jamais une plainte n'a été formulée sur son compte, disait de lui le baron Mermet sur ses notes d'inspecteur général ; il est bel homme et très bien élevé et c'est un officier distingué ayant une excellente instruction militaire. » Sous-lieutenant au 66e régiment d'infanterie en 1803, il avait passé 3 années à la Guadeloupe ; mais éprouvé par les fatigues sans nombre de cette campagne il dut s'éloigner de la colonie au commencement de 1807. Le navire sur lequel il s'était embarqué, le Washington, fit naufrage, et Edouard de Reiset se vit retenu à Philadelphie (avril 1807) jusqu'à ce qu'un bâtiment neutre put le conduire en Angleterre. Six mois après seulement, il débarquait en France et devenait aide de camp du général Privé. Fait prisonnier de guerre au désastre de Baylen où il avait reçu de graves blessures à la tête, il avait vu à l'œuvre le général Dupont et était resté son ardent défenseur. Livré aux Anglais, ce n'est qu'en 1812 qu'il recouvra sa liberté. Employé au comité de

1. Voy. VAULABELLE, *Histoire de la Restauration.*

la guerre en 1815, le baron de Reiset, qui ne pouvait rejoindre son régiment, s'enrôla dans les volontaires royaux de Latour-Maubourg. Lors du retour du roi, passant par Tours pour aller rejoindre son régiment à Niort, il apprit que des séditieux avaient arraché et foulé aux pieds le drapeau blanc. Il n'hésita pas un instant et s'élançant à la tête de quelques hussards il arracha le drapeau tricolore, puis malgré les menaces et les cris des gendarmes de la Vendée qui étaient en pleine insurrection, malgré les clameurs de la populace, il replaça lui-même le drapeau blanc sur le pont de la Loire et la maison de ville [1].

Le roi l'avait récompensé par un titre de baron [2], le ruban de St.-Louis et la croix d'officier de la légion d'honneur ; le roi Jérôme dont il avait été d'officier d'ordonnance l'avait décoré de l'ordre de la couronne de Westphalie.

Casimir de Reiset [3] son frère, plus jeune de deux ans, avait de son côté les plus beaux états de service. Entré comme élève à l'école militaire de Fontainebleau (22 novembre 1804) il en était sorti sous-lieutenant l'année suivante et avait fait successivement toutes les campagnes de Prusse, de Pologne, d'Autriche et de Russie. Un coup de feu à l'épaule l'avait atteint à Jéna et un autre à la gorge à Smolensk le 27 août 1812. Enfin à la bataille de Dresde il avait été fait prisonnier après s'être signalé par sa bravoure à plusieurs reprises. C'est ainsi qu'il était arrivé au grade de chef de bataillon de la garde royale et avait vaillamment gagné les deux croix de St.-Louis et de la légion d'honneur. Comme ses trois frères, Philibert [4] receveur général des finances

---

1. Archives administratives de la guerre, dossiers personnels.
2. Ordonnance royale du 12 février 1812, suivie de lettres patentes du 16 juin 1818.
3. Charles Casimir de Reiset, né à Delle le 28 novembre 1786, mort le 31 juillet 1832. — Son parrain fut le baron de Ferrette et sa marraine la comtesse de Thurn, chanoinesse de Massevaux. — Non marié.
4. Philibert François de Reiset, né à Delle le 11 décembre 1778, mort à Paris en 1838. Marié à M. d'Ournaux. Receveur général des finances à la Guadeloupe, officier de la légion d'honneur. Branche éteinte.

à la Guadeloupe, Louis [1] maître-général des eaux et forêts, et Edouard dont nous avons vu la carrière, Casimir était né à Delle dans la vieille demeure des Reiset. L'antique hôtel, construit à l'époque de la Renaissance, subsiste toujours sur la grande place de la ville, avec sa curieuse façade et sa gracieuse tourelle, mais aucun membre de la famille de Reiset n'est plus là pour l'habiter et elle est devenue depuis quelques années le presbytère de l'église paroissiale.

Deux autres Reiset encore étaient au service, cousins germains du lieutenant-général dont ils étaient les contemporains. Nés à Rosheim ils étaient le fils de François Xavier de Reiset, ancien directeur de la monnaie de Strasbourg, et de Marie Louise de Beyerlé. Nommé au mois de juillet 1792 sous-lieutenant au 62e régiment d'infanterie par le général Biron duc de Lauzun, Clément de Reiset [2] était devenu successivement aide de camp du général Mouter, capitaine d'armes sur le Corsaire « les Trois sœurs » et enfin chef de division dans les équipages militaires de l'armée d'Italie. Nommé à la lieutenance de Calvi en Corse il s'y était marié et y avait pris sa retraite en 1823.

Son frère, François Antoine [3], était son aîné de dix ans. A 17 ans il était entré aux hussards de Conflans dans la compagnie de Müller, trois ans plus tard il était aux gardes du corps dans la compagnie Ecossaise du duc d'Ayen : « Aujourd'hui 26 décembre 1783, était-il dit « dans son brevet d'admission, le roy a pris comme « garde de son corps dans la compagnie Ecossaise

---

1. Louis de Reiset, maître-général des eaux et forêts, mort le 22 décembre 1811, marié à Anne de Maler, sans postérité.

2. Marie François Clément de Reiset, né le 10 octobre 1773 à Rosheim, mort à Digne en 1823. Marié à Marie Josephe Lucchini de Vercovato le 23 décembre 1812 à Calvi. Son parrain fut François Clément de Badany, capitaine au régiment d'Alsace, et sa marraine Françoise baronne de Lieven, épouse du comte d'Hahn, colonel du royal Allemand. Branche éteinte.

3. François Antoine Xavier Joseph de Reiset, né à Rosheim le 21 décembre 1763, mort le 16 novembre 1836, marié à Elisabeth O'Hicky d'Arundel.

« François Antoine Xavier Joseph de Reiset de Cha-
« vanatte, gentilhomme, de la religion catholique, âgé
« de 20 ans, natif de Rosheim en Alsace, diocèse de
« Strasbourg, même généralité, présenté par M. de
« Beyerlé son oncle, brigadier des armées du roy ».
(Voy. Maison du roi, Compagnie écossaise, 9ᵉ volume
1776. Archives administratives de la Guerre.)

Envoyé comme lieutenant à la compagnie du Bas-
Rhin lors du licenciement de la maison du roi en 1791, il
n'avait pas tardé à être révoqué par arrêté du directoire
et n'avait été réintégré qu'en 1801 lorsqu'avait cessé le
régime de la Terreur. Nommé capitaine de la compagnie de l'Indre il était devenu en 1810 commandant
de la place de Valençay et gouverneur du château ou
les princes Espagnols étaient retenus prisonniers par
Napoléon. La courtoisie de ses manières, la noblesse
de son caractère avaient su lui gagner en peu de temps
la faveur et l'estime de Ferdinand VII dans l'exer-
cice de ses délicates fonctions. A maintes reprises, les
princes insistèrent pour qu'on lui conservât son poste,
et jusqu'au jour de leur délivrance ne cessèrent de le
combler de présents et des marques les plus flatteuses
de leur attachement [1]. Il était mort avec la croix de
St.-Louis et le grade de chef d'escadron.

Le vicomte de Reiset avait eu encore à l'armée deux
oncles portant son nom : le premier, le chevalier de
Reiset, ancien mousquetaire de la garde de Louis XV
(2ᵉ compagnie, mousquetaires noirs) qui avait reçu la
croix de St.-Louis et auquel d'Hozier de Serigny avait
délivré en 1778 un certificat de preuves de noblesse
pour obtenir une charge de lieutenant des maréchaux
de France, après la suppression des mousquetaires
par M. de St.-Germain, ministre de la guerre.
Le dernier, Guillaume de Reiset [2], capitaine au régiment de Waldner-Suisse et chevalier de St.-Louis le

---

1. Voyez *Archives nationales*, Carton F² 6514.
2. François Guilllaume de Reiset, né à Dannemarie (Hᵗᵉ-Alsace), en
1835, fils de François Joconde de Reiset, bailli de Florimont et d'Anne

25 février 1782 avait fait la guerre de sept ans, s'était
signalé à l'affaire de Nancy contre les hussards Chateau-
vieux, et le 31 août 1790 avait été dangereusement
blessé par les révoltés d'une balle qui lui avait traversé
le bras : « La fortune ne nous laisserait rien à désirer,
« écrivait après la bataille, dans son rapport, le comman-
« dant de la compagnie le baron de Paraviciny, si après
« la perte du brave Ch. de Schuphauver nous n'avions
« à craindre pour les jours de MM. de Reiset et de Paillard.
« Vous connaissez ces officiers et vous savez ce qu'ils
« valent. »

Le capitaine du régiment Suisse, le mousquetaire
de Louis XV et le garde du corps de Louis XVI
avaient tous trois leurs portraits à l'exposition retros-
pective militaire de 1900, au palais des armées de terre et
de mer [1]. Près de là, dans une spacieuse vitrine [2], se
voyaient les souvenirs et les portraits de leur glorieux
descendant, le lieutenant général de Reiset [3] : une épée
d'or ciselé offerte en 1813 par les officiers de son régiment [4], son bâton d'ivoire et d'ébène, emblème de commandement des capitaines des gardes du corps, son uniforme, ses armes, ses décorations et les trois dents qu'en
1812 un coup de sabre lui avait tranchées quand il com-
battait si vaillamment les Anglais à la bataille de Las
Rosas. — A côté de ces précieuses reliques, la clef de la
ville de Mayence qu'il avait su défendre et conserver
au roi de France, et une épée et un couteau ayant
appartenu à Kléber, touchants témoignages de l'affection
du héros !

Pendant la révolution, a dit Chateaubriand, l'honneur
s'était réfugié aux armées, et les Reiset en étaient le

Barbe de Windoltzin. — Entré aux volontaires d'Austrasie en 1757,
surnuméraire à la compagnie de Roll le 5 juillet 1761, lieutenant le
6 août 1776, capitaine le 3 juin 1787.

1. Voyez le Catalogue de l'exposition militaire rétrospective de 1900
par G. Bapst, Nos 1006, 1007 et 1008.

2. Vitrine 57, Nos 1097 à 1105.

3. Ib. No 348.

4. Ib. No 665.

plus frappant exemple. Dans cette famille de soldats, le culte de l'armée et de la patrie n'avait jamais cessé d'être en honneur, et depuis l'époque lointaine où ses ancêtres combattaient aux côtés du duc de Bourgogne le vicomte de Reiset n'avait trouvé sous ses yeux que de nobles exemples. Il devait ajouter une page encore plus brillante à cette longue tradition de fidélité et d'honneur, et en toutes circonstances il devait justifier la fière devise de ses armoiries : *Fortis in verbis sicut in armis* ».

VICOMTE DE REISET.

Château de Vic-sur-Aisne, Mai 1901 [1].

1. Après avoir lu cet intéressant article sur le général de Reiset, nos lecteurs trouveront avec nous que, pour nous servir d'un mot célèbre, la ville de Colmar n'est pas assez fière d'avoir donné le jour à un pareil héros. Aussi doit-on exprimer le désir qu'elle honore son souvenir et s'honore elle-même en donnant le nom de Reiset à l'une de ses rues. (*Note de la Direction*).

REVUE D'ALSACE

La Revue d'Alsace est le plus ancien recueil littéraire de notre province. Fondée il y a 50 ans par feu Liblin, elle est entrée en 1900, sous la direction de MM. Gasser et Ingold, dans une nouvelle période. Mais elle continue de se maintenir sur le terrain scientifique et littéraire d'autrefois, laissant liberté absolue de jugement et d'appréciation à ses collaborateurs, évitant avec soin les polémiques agressives, et se réservant à la science, à l'art, à la littérature alsacienne indépendante.

A ses anciens collaborateurs, dont nous citerons seulement MM. de Barthélemy et Müntz, membres de l'Institut; Reuss professeur à la Sorbonne ... etc. ... elle a pu adjoindre les notabilités les plus distinguées parmi ceux de nos compatriotes qui s'occupent des choses de l'esprit. Mentionnons entr'autres M. Henry (de Colmar) professeur à la Sorbonne; Chuquet (de S.-Louis) professeur au Collège de France; G. Schlumberger (de Guebwiller) membre de l'Institut ... etc. ...

La *Revue d'Alsace* a l'ambition de grouper autour d'elle tous ceux, qui, de près ou de loin, sont restés fidèles à la cause alsacienne. Elle mérite ainsi, on ose le dire, la sympathie et le concours de tous les enfants de notre chère Alsace.

La *Revue d'Alsace* paraît tous les deux mois, le 15, par livraison grand in-8° de 112 ou 128 pages, formant ainsi par an un fort volume de plus de 672 pages. A l'occasion, des illustrations sont jointes au texte.

Le prix de l'abonnement est fixé à 12 fr. 50 (10 Mk.) pour l'Alsace; à 14 fr. pour la France et l'Union postale universelle.

On s'abonne :

A *Paris*, chez A. PICARD, rue Bonaparte, 82; chez FISCHBACHER, rue de Seine, 33. — A *Strasbourg*, chez NOIRIEL-STAAT, rue des Serruriers; chez TREUTTEL & WURTZ, Grand Rue, 1. — A *Colmar*, chez HÜFFEL, place neuve, 8; chez BARTH, Grand Rue. — A *Mulhouse*, chez GANGLOFF, place de la paix; chez STÜCKELBERGER, sous les Arcades.

Et chez tous les libraires de France et de l'étranger.